Hannu Pelkonen & Jarmo Saarti

Lauletut sanat

musiikkiin luotua lyriikkaa viideltä
vuosikymmeneltä

Launonen & Kuopio
2025

Teksit, taitto ja kuvat: Tekijät
Julkaisija: HOTA-kirjat

© Hannu Pelkonen, Jarmo Saarti
Kustantaja: BoD · Books on Demand,
Mannerheimintie 12 B, 00100 Helsinki,
bod@bod.fi
Kirjapaino: Libri Plureos GmbH,
Friedensallee 273, 22763 Hampuri,
Saksa
ISBN: 978-952-80-9559-0

Sisällys

Sanojen synty 1
Miehen täytyy tehdä mitä miehen täytyy tehdä 7
Vauhtiraidat ruoskan piirtämät 34
Pushing my car through mud and honey 46
Jokamies runoelma 61
Topatut alamaiset 65
Helmineule roihuaa 88
Räky-Äynikki räppää 101
Tekijät 114

Sanojen synty

Pelkosen ja Saartin improvisoidun musiikillisen yhteistyön pohja on lukioaikojen Kuopiossa, jossa innostuimme bluesista, undergroundista, vapaasta jazzista uudesta suomalaisesta lyriikasta ja happeningeista. Ensimmäinen yhteinen hetkessä improvisoitu sanoitus lienee Hannun Jarmon bändin harjoituksessa esittämä uutisblues 1970-luvun loppupuolelta.

Musiikin yhdessä tekemisemme alkoi toden teolla 1980-luvulla, jolloin molemmat opiskelimme yliopistossa – Hannu Joensuussa ja Jarmo Jyväskylässä. Akateemisen nuoren kehittyminen näkyi luovana toimintana, jota helpotti äänitysteknologian kehittyminen ja halpeneminen opiskelijan kukkarolle sopivaksi. Soittamista harrastettiin useiden kavereiden kanssa, mutta biisien ja varsinkin sanoitusten tekeminen säilyi Hannun ja Jarmon omana alueena. Tämä vahvistui Keijo Virtasen tultua mukaan kuvioihin. (Ks. tästä enemmän Saarti (2024) *Kheta Hotem ja komutialainen musiikki: uuden suomalaisen oudon musiikin vastakulttuurin virrassa 2000-luvulla.*)

Musiikin tekemisen keskeinen perusta on, ja on ollut, vapaa improvisaatio, ja se näkyy myös sanoituksissa. Kappaleita emme ole käytännössä koskaan säveltäneet tai sanoittaneet etukäteen, vaan sekä sävel että sanat ovat syntyneet kyseisen hetken tunnelmista, tilanteesta ja käsillä olevista soittimista. Tämä on aivan omanlaistaan uniikin musiikkiesityksen tekemistä, joka lähenee tavoitteiltaan modernia taidemaalausta.

Osaaminen kehittyi myös asteittain. Alkuaikoina mikrofonin saaminen eteensä tarkoitti usein täysin lukkoon menemistä: tekeminen oli vielä oikean tavan hakemista ja esikuvien mallin miettimistä, joka esti hetkessä elämisen. Ajan myötä tämä vapautui ja tässä-ja-nyt sanoittaminen alkoi muotoutua omaksi taiteen ja taidon lajikseen ja onnistui keikkatilanteessakin.

Sanoituksissa on nähtävissä vaikutteita monista asioista ja monilta tekijöiltä. Vaikutteita ovat antaneet mm. *Captain Beefheartin* soljuva runous (esim. *Doctor Dark* -kappaleen vaikutus sanoitukseen *Äiti en oo Bonanza*), *Bob Dylan*, jolla välillä riimien eheys ohittaa tärkeydessään viestin sisällön merkityksen ja vanhojen blueskappaleiden kuluneimmat toistuvat fraasit (*beibini jätti mut*).

Myös psykedeelisen popin ja ns. atonaalisen taidemusiikin vaikutus on kuultavissa. Suomalaisista vaikutteista tärkein lienee nk. turkulainen underground, nummislainen hätkäytyksen ideologia ja 1970-luvun rock ja punk henki, joka vapautti kaikki sen ajan nuoret tekemään ja äänittämään omanlaistaan musiikkia.

Suorat viittaukset ja lainaukset populaarikulttuurista, tieteestä, kirjallisuudesta ja vaikka vain pöydällä lojuneesta aikakauslehdestä ovat toimineet sanoituksissa vähintäänkin innoittajina. Tässä näkyy hyvin 1960- ja 1970-luvun lyriikan tekemisen tapojen, mm. kollaasitekniikan vaikutus. Esimerkiksi kesken *Kivi, paperi ja sakset* -kappaleen äänittämistä Hannun silmiin osui hänen hyllyssään olevan kirjan selkämys, josta hän nappasi kappaleeseen mukaan sanat *kiellettyjä kuvia*, jotka alkoivat sitten elää omaa elämäänsä laulussa.

Sanat ovat välillä toimineet rytmisinä elementteinä ja välillä niillä on ollut täysin itsenäinen sisällöllinen merkitys. Etenkin 1980-luvun lopulla ja 1990-luvulla tekemissämme noise-tallenteissa ihmisääntä on käytetty musiikin teossa yhtenä instrumenttina, jolloin sanoituksella ei ole niinkään ollut merkitystä. Rajusti prosessoitu laulu tai puhe on toiminut osana äänten kokonaismattoa, tuolloin käytimme paljon myös valmiiden äänitteiden ja äänimaailmojen äänittämistä ja samplaamista teoksiimme. Voidaankin sanoa, että sanoitukset ovat olleet itsenäisessä mielessä merkityksellisiä pääasiassa 1980-luvun alun äänityksissä ja 2000-luvulla.

Välillä sanoja ja erilaisia viittauksia ja alatekstejä on keksitty, liitetty toisiinsa ja käsitelty kieli poskessa, pilkkoen ja rikkoen ne osiinsa. Hienosti sanottuna: aloimme dekonstruoida tekstejämme ja muiden tekstejä jo ennen kuin siitä tuli Suomessakin vallitsevaa muotia akateemisissa piireissä.

Tämän teoksen litterointivaiheessa on ollut yllättävä havaita, miten syvälle olemme usein päässeet ja se on opettanut myös paljon siitä, mitä puhdas luominen voi aidoimmillaan olla. Parhaille sanoituksille on yhteistä se, että sanat ovat syntyneet täydellisessä vapaan tajunnan virtaavassa -tilassa, jossa järki ja ennakkoluulot eivät ole toimineet sanojen syntymisen suodattimena.

Aidoin runous on noussut siitä, kun esittäjä on pystynyt täysin irtautumaan hallitsevasta arkiminästään ja päässyt täydellisen luomisen tilaan – sanat ovat silloin tulleet jostakin ja ne ovat usein muodostaneet täydellisen runon, jota ei olisi pystynyt tietoisesti kirjoittamaan. Sekä sisällöllisesti että muodollisesti. Usein tähän on liittynyt tunne, että joku muu on tehnyt valmiin teoksen eikä minällä ole ollut siinä mitään muuta roolia kuin välittäjän, tulkinnan tapakin on ollut ikään kuin annettuna.

Sanojen synty ja musiikin tekeminen on ollut myös selkeästi terapeuttista toimintaa, jossa lauluun on kaivettu aineksia mielen pimeimmistä nurkista ja kokemuksista. Tämä on kiistattomasti liittynyt molemmilla myös kasvamisen prosessiin ja erityisesti lapsuuden ankarasta ympäristöstä ja hyvin rajaavasta 1950- ja 1960-luvun suomalaisesta (mies)kulttuurista irtautumiseen

Olemme koonneet tähän kirjaan sanoituksiamme reilun neljänkymmenen vuoden ajalta. Lyriikat on litteroitu sellaisina kuin ne on laulettu. Tällä on haluttu kunnioittaa tilannetta, jossa ne ovat syntyneet.

Emme myöskään ole halunneet harjoittaa jälkiviisasta sensurointia vaan olemme jättäneet kaikki nuoruudet viisaudet ja hölmöilyt sellaisiksi kuin ne syntyessään olivat. Ne kertovat paljon ajan ja oman mielemme liikkeestä.

Joissakin tapauksissa litterointi on tiivistetty tai lyhennetty, koska laulusta ei ole joko saanut riittävästi selvää tai toiston määrä on ollut lähes äärettömän runsas. Muutama laulu on jouduttu jättämään pois, koska se on integroitunut täysin soitettuun musiikkiin eikä sanoista saa selvää. Englanninkielisten kappaleiden osalta on korjattu selkeitä kielioppivirheitä, mutta itse sisältö on säilytetty muuttumattomana.

Suurimmat erot lauletun tekstin ja litteroinnin välillä ovat *Miehen täytyy* -kappaleessa, jossa erot ja niiden syyt on selitetty erikseen kappaleen kohdalla. Muutaman muunkin laulun oheen on lisätty selittäviä alaviitteitä, mutta perusajatuksenamme ei ole ollut selittää vaan antaa jokaiselle mahdollisuus itsenäiseen kokemukseen ja tulkintaan. Sanat elävät ja muuttuvat ajassa ja mitä niistä ajatteli kolmekymmentä vuotta sitten ei enää ehkä päde tänään tai tulevaisuudessa.

Mainittakoon vielä yksi keskeinen tekninen väline ja vaikutus, jota sanoituksissa on käytetty eli toisto. Se on peräisin toisaalta bluesista, jota molemmat olemme harrastaneet jo pitkään, ja toisaalta kansanmusiikin ja idän uskontojen vaikutuksesta.

Teknisenä keinona se on joissakin lauluissa viety äärimmäisyyksiin: lauseen tai jopa yhden sanan toisto on saattanut jatkua koko kappaleen usean, pisimmillään lähes kymmenen minuutin ajan.

Joissakin yhteyksissä tämä on toiminut ironisena keinona tuhota olemassa olevia merkityksiä ja joissakin yhteyksissä se on luonut aidon toistoon perustuvan transsin, jota säestävä musiikki on tukenut.

Paperilla luettuna tämä on myös yllättävän toimiva keino: luettaessa se vaatii aikaa ja kunkin rivin huolellista toistamista joko ääneen tai mielessään. Kannattaa kokeilla molempia tapoja ja tutkia merkityksen muodostumista ja muuntumista.

Tämä nostaakin parhaimmillaan tällaisen toistuvan tekstin ja sen merkityksen uudelle, transsendentaaliselle kokemisen tasolle. Tekniikka, jota kehtolauluissa, rukouksissa, mantroissa ja tunnuslukujen muistamisessa on käytetty jo kymmeniätuhansia vuosia.

Hannu Pelkonen ja Jarmo Saarti 2025

Miehen täytyy tehdä mitä miehen täytyy tehdä

Päiväni harmaa ja väsynyt[1]

päiväni harmaa ja väsynyt niin kuin osuuskaupan myyjä
myy osuuskaupassa kahdeksasta viiteen
lauantaimakkaraa, pesuaineita
päiväni harmaa ja väsynyt kuin osuuskaupan myyjä

päiväni harmaa ja väsynyt niin kuin osuuskaupan
myyjän mies
väsynyt kotiin tullessaan kolmivuorotyöstä
neljä pulloa kolmoskaljaa,
karjalaa taikka lahtelaista
päiväni harmaa ja väsynyt niin kuin osuuskaupan
myyjän mies

päiväni harmaa ja väsynyt niin kuin osuuskaupan
myyjän ja miehensä ruoka
        -mitä ruokaa?
        -makaroonilaatikkoo
        -yäk
päivää ja harmaa ja väsynyt

päiväni harmaa ja väsynyt osuuskaupan myyjä
makaroonilaatikkoo, karjala-olutta, makaroonilaatikkoo
päiväni harmaa, väsynyt, harmaa, väsynyt

---

[1] Tämä vuoden 1982 sessio äänitettiin Joensuussa, silloisessa opiskelija-asunnossani. Tallennusvälineenä oli avokelanauhuri, johon oli liitetty kaksi mikrofonia. Sanoituksen idea tuli läheisestä osuusliikkeen myymälästä.

päiväni harmaa ja väsynyt osuuskaupan myyjä
rikkinäinen sukkahousu,
valkoinen terveyskenkä, lauantaimakkara
päiväni harmaa ja väsynyt
osuuskaupan myyjä

Hannu Pelkonen 1982

Sukkani blues

sukkani oli revenneet
riekaleiksi
tyttöni sanoi paikkaa sukkasi
isäni kielsi paikkaamasta
äitini pyysi myös kuin tyttöni

tätini oli vanha kun hänet kuristin
tätini oli vanha kun hänet kuristin
setänikin oli vanha, mä hänet myrkytin

maantiede taidetta, maantien laidassa kasvaa
maantien laidassa kasvaa mänty suuri kuin puu
tyttöni siihen huomenna kuristuu

hirttää tahdon ja kuristaa
hirttää tahdon kuristaa ja puukottaa
tää on uus väkivalta-blues

satamatorin kulmalla asui polliisi
satamatorin kulmalla asui poliisi nimeltänsä asikainen
asikainen oli poliisi

Hannu Pelkonen ja Jarmo Saarti 1982

Filosofinen blues[2]

etnisyys on valttia kognitiivisessa kontekstissa
etnisyys on valttia, teleologian määränpää
individuellinen eksisti, eksistenssi, kompleksi ja
näkkileipä

mysteeri, uskonto ja antropologia
sosiologia, veljeni täti
biologia, kemia

mis me ollaan? maantieteen laitoksella
tietojenkäsittelyoppi fysiikka, alkuhiukkastutkimus,
näin on
näreet

koivu, kuusi, mänty, kataja, korvenraivaaja-pentti,
saarijärven pavo
tähti ja koivu, matti ja maija
tätini ension kaija
ryssä, ruottainen meidän takapihalla
kommuuni, voikukka meidän, isoviha
sormet, veljeni tätini

statiivistani puuttui ruuvi, paikkaa se korjaaja
statiivistani puuttui ruuvi, se lonksahteli
senpä tähden filmistäni tuli paskainen

---

[2] Kappaleesta, tai vähintäänkin rivien välistä, huomaa sen, miten opiskelu on vaikuttanut ajatteluun ja kieleen. Tässä vaiheessa tajunnanvirta oli vielä melko epävarmaa.

pieni poika eksyi metsän pimentoon
pieni poika eksyi metsän pimentoon
siellä ei ollut tietäkään mutta kuitenkin hänellä oli
hohner
huuliharppu, tyrävyö, potkukelkka, siveysvyö, vyö,
(mee pois, go cat go)
hänellä oli kitara myös (mene pois)
asuntovaunu, bunsen-lamppu, koera, ämpäri

veljeni tahtoi mennä murhaamaan äetinsä, äetinsä
veljeni tahtoi mennä murhaamaan äetinsä, äetinsä
oidipaalista kompleksia kutsuttiin tohtori hoitamaan

koira on siinnyt su-des-ta, ja susi on kuten yleisesti
tiedetään
sanon, joo
miten kävi ruotsalaisten
miten kävi roomalaisten
miten kävi tanskalaisten
miten kävi islantilaisten
miten kävi ranskalaisten
miten kävi englantilaisten
kuohittiin, kuohittiin, kuohittiin koko lössi

mitä siis kertoo allakka?
allakka kertoo päivistä kuunnousuista -laskuista
nimipäivistä
kuinka markkinat vietetään toreilla turuilla sekä myös
tampereella

tampere on kaupunki
jonka keskustassa ei ole kerttavägää
kerttavägä asuu vain puun kolossa
allakka tietää ja muistaa

Hannu Pelkonen ja Jarmo Saarti 1982

Hai hai hai haitarilla[3]

hai hai hai haitarilla
soitan minä rappusilla
hai hai haitarilla
soitan laiturilla
enkä osaa ilman olla
haitaria jollen saa
sillon minun päätäni
kutistaa ja ravistaa

hai hai hai haitarilla
ompi hyvä soitella
eikä saata tuonen tuvilla
olla ilman haitaria
tarttee olla uusi peli
eli akkordeoonio
sillä voi soittaa haitaria
koko legioonio

hai hai hai hai haitarilla
asemalla sillalla
siellä soitan kullalleni
aivan aamuillalla
kulta sanoo lallallallaa
annas vähän puristaa
haitaria povellasi

---

[3] Kappale on rakkaudentunnustus lapsuuden valsseille, joita radiosta kuunnellen kasvoimme kohti aikuisuutta.

silloin olen ovellasi
omanasi ainoa
tarttee saada haitaria vaan

hai hai hai hai haitarilla
soitan minä sillalla
hai hai hai hai haitarilla
pojat tulee luokseni
sanoo saisinko mä koittaa
miten tuota peliä
saattaa tällanen nuoripoika soittaa
aivan ilman sormia
varpaita he käyttävät
ja mulle jatsin näyttävät
illan musaan täyttävät
minä sanon hei hei
hai hai hai hai haitarilla
jamikamaa laiturilla

hai hai hai hai haitarilla
aivan ilman komppia
täytteheksi illaksi
saavat tyypit oppia
haitarilla humppia ja valsseja ja jatseja
täytyy soittaa illalla
haitarilla valsseja
muuten ilo puuttupi
ja lapset suuttuupi
kun jatsimeno elämästä puuttuupi

hai hai hai haitarilla
hyvä ompi soitella
kun ei tule aamuilloin elämästä voitella
aivan varmaan haitarilla soitetaan me jatsia
siinä onkin isoisän vahaa kunnon tatsia

hai hai hai hai haitarilla
hai hai hai hai haitarilla
hai hai hai hai haitarilla

kaik te

Jarmo Saarti 1986

Oikeus – turhuus - vääryys

oikeus
oikeus
oikeus

          turhuus vääryys
          turhuus vääryys

oikeus
oikeus
oikeus

          turhuus vääryys
          turhuus vääryys

oikeus
          vääryys
oikeus
          vääryys
oikeus

Hannu Pelkonen ja Jarmo Saarti 1986

Äiti, en oo Bonanza[4]

äääääääääääääääääääää

äiti äiti
äiti
pelkään mustaa miestä

pimeän tohtori
pimeän tohtori
pimeän tohtori
äiti äitä mä pelkään mustaa miestä

äiti se ilmestyy mulle yöllä

äääääääääääääääääääää

eilen sahasin neekerin rautalangalla poikki
äiti äiti pimeän tohtori on täällä

äääääääääääääääääääää

jäin vuoteeseen
musta kissa
käveli huoneen poikki

---

[4] Kappaleen sanoituksen taustalla on Captain Befheartin kappale Doctor Dark, mutta esitys poikkeaa totaalisesti innoittajastaan. Vimmaisen rytmin päällä on ahdistavaa kirkunaa, josta selvimmin erottuu usein toistettu lause "äiti, äiti, pimeän tohtori on täällä".

äiti äiti mä en uskalla lähteä ulos

äääääääääääääääääää
lentävä lautanen söi isäni eilen
huomenna pitää murtaa mun lukko

äiti äiti
pimeän tohtori on täällä

ne tulee ne tulee
musta mies
se vaatii
et puhu musta
se se se
äiti
en usko ketään
se on täällä
se vaatii mua tappamaan

äiti äiti
pimeän tohtori on täällä

pimeän tohtori on
tulee mua kuristamaan
puristaa mua kaulaan
se puristaa mua
äiti äiti
pimeän tohtori vaatii mua tappamaan

pahan voima
pahan voima
pahan voima
äiti äiti
pimeän tohtori on täällä

Hannu Pelkonen 1987

Miehen täytyy[5]

miehen täytyy tehdä mitä miehen täytyy tehdä
miehen täytyy tehdä mitä miehen täytyy tehdä
miehen täytyy tehdä mitä miehen täytyy tehdä
miehen täytyy tehdä mitä miehen täytyy tehdä
alokas, alkueliö, alkulima, anjuska
apuheijari, asemikko, atomikeitto, ballista
basilli, biljardipallo, bolsevikki bundari
doitsi, eejiipee, eevertti, elukka

....

miehen täytyy tehdä mitä miehen täytyy tehdä
miehen täytyy tehdä mitä miehen täytyy tehdä
miehen täytyy tehdä mitä miehen täytyy tehdä
miehen täytyy tehdä mitä miehen täytyy tehdä
peruna, peräruiske, peseminen, peruna
pihistys, pihkajaakko, piippolakki, piippu

....

miehen täytyy tehdä mitä miehen täytyy tehdä
miehen täytyy tehdä mitä miehen täytyy tehdä
miehen täytyy tehdä mitä miehen täytyy tehdä

---

[5] Kappale syntyi yhdistämällä reggaerytmi Sleng Teng, fraasi
"Miehen täytyy tehdä mitä miehen täytyy tehdä" ja Simo Hämäläisen
kokoama suomalainen sotilasslangikirja. Litterointi ei etene sanasta
sanaan laulun mukaisena, koska tekstistä ei saa kaikilta osin selvää.
Periaate tullee kuitenkin selväksi. Esitimme kappaleesta yhden version
Oulussa vuonna 1987, ja tilaisuuden järjestäjä ymmärsi sen
kannanotoksi armeijan puolesta.

miehen täytyy tehdä mitä miehen täytyy tehdä

miehen täytyy tehdä mitä miehen täytyy tehdä

Hannu Pelkonen ja Jarmo Saarti 1987

Kurjaa

äiti oli köyhä, ja isä juoppo niin
mutta yhdessä vain elettiin vaikka olikin helvettii
voi tätä kurjaa elämää, voi tätä kurjaa elämää
kun taaskin tiellä dallaan ilman pennin pyörylää

oli mulla kerran nainen, sen kirveellä paloittelin
näyttääkseni että olen mies ja mieshän mä olenkin
voi tätä kurjaa elämää, voi tätä kurjaa elämää
kun taaskin tiellä dallaan ilman pennin pyörylää

mut vielä tässä näytän ja naiset lakoon vaan
kun tusinan naisia kerralla tyydytetyksi saan
voi tätä kurjaa elämää, voi tätä kurjaa elämää
kun taaskin tiellä dallaan ilman pennin pyörylää

miksei kana lennä, miksei mato ui
miksi täällä minulle näin outoja tapahtui
voi tätä kurjaa, voi tätä kurjaa
kun taaskin tiellä dallaan ilman pennin pyörylää

Hannu Pelkonen 1987

Kuka kulkee

kuka siellä kulkee
mene pois

Jarmo Saarti 1987

Syvät kissat

jos sä koskaan tulet etelään
huomaat astuneesi vetelään

jos sä koskaan tulet etelään
huomaat astuneesi vetelään

kuulet kissan puhuvan
kuulet kissan puhuvan

jos sä koskaan tulet etelään
kuulet kissan puhuvan

kissat puhuu syvässä yössä
kissat puhuu syvässä yössä

kissat puhuu syvässä yössä
kissat puhuu syvässä yössä
kissat puhuu syvässä yössä

kissat puhuu syvässä yössä
kissat puhuu syvässä yössä
kissat puhuu syvässä yössä

Jarmo Saarti 1987

I was a rich man's mistress

i was a rich man's mistress
i was a rich man's mistress

i confess if this be sin
i confess if this be sin

woman of the streets
daughter of the sin

i was a rich man's plaything

woman of the streets
daughter of the sin
woman of the streets
daughter of the sin

i confess
i confess
if this be sin

woman of the streets
daughter of the sin
woman of the streets
daughter of the sin

i confess
i confess

if this be sin

woman of the streets
daughter of the sin

i was a rich man's plaything
ex-mistress

if this be sin

woman of the streets
daughter of the sin
woman of the streets
daughter of the sin
woman of the streets
daughter of the sin

i confess

keep on playing boys
keep them playing
fuck fuck fuck

Jarmo Saarti 1987

ostettasko huomenna kaksi kiloo voita
ostettasko huomenna maitoa
ostettasko huomenna kaksi kiloo voita
ostettasko huomenna maitoa
ostettasko huomenna kaksi kiloo voita
ostettasko huomenna maitoa
ostettasko huomenna kaksi kiloo voita
ostettasko huomenna maitoa
ostettasko huomenna kaksi kiloo voita
ostettasko huomenna maitoa
ostettasko huomenna kaksi kiloo voita
ostettasko huomenna maitoa
poliisit tulee ja vie meidät putkaan
ostetaan kaksi kiloo maitoa
ostettasko huomenna kaksi kiloo voita
ostettasko huomenna maitoa
ostettasko huomenna kaksi kiloo voita
ostettasko huomenna maitoa

Jarmo Saarti 1987

Surkeeta

on surkeeta
niin surkeeta
kun fasistit valtasivat chilessä
kansan oikeasti valitun demokratian

on surkeeta
niin surkeeta
kun rahat ei tahdo riittää
leipään ja rinkeliin

näillä asioilla on se yhteistä
että chileläiset
eivät tunne hekään
kahvipullapöydässä rinkeliä

variksella oli pesä
ja pesässä oli muna
munasta syntyi käelle poika
oli sekin aika surkeeta

kun variksen koko kesän ansiot
joita se oli wärtsilän tehtaalla hankkinut
niska limassa
menivät käenpojan elättämiseen

se päättikin ostaa
outokummun osakkeita

kun ne on kuparikaivoksessa chilessä
hyvässä pankkiholvissa

Jarmo Saarti 1987

Pickin me

rollin'

deep down in southern california
little girls
eat me for breakfast
they stir stir stir
them in hot lard
then they pick 'em with forks
and it tastes just fine

they mothers sometime
they take them hot and cold
put them on walls
and they start the picking
some mean chicken

and cut their balls
to make that voodoo drink
and oo the hot nights
they are hot nights
and you can hear but scream

in the morning time
when the night is past
them little girls start pickin'
pickin' hard on me
I try to wake up

but I can see
them little girls pickin'
so hard on me
and after that pickin'
there nothing left
but dust and bones
oh those dirty bones

in the morning there is nothing
but dirty bones bones bones
and in the morning
there is nothing left
but the dirty bones

oh those dirty bones
and the wind whispers
and the wind whispers
my dust is gone

dirty bones
dirty bones
nothing but
the dirty bones
and the dust and the wind
and the wind in the dust

this is endless
this pickin' of the bones
endless

ain't got no future
when they pick my bones
all i got

and the morning rose
and when the sun starts shining
all is gone and gone
but the morning rose
those bones bones bones bones

Jarmo Saarti 1993

Vauhtiraidat ruoskan piirtämät

My name is[6]

hello my name is wendy
hello my name is rita
hello my name is arthur
hello, hello, hello my name is mark

hello my name is wendy
hello my name is perry
hello my name is dennis

hello my name is wendy
hello my name is wendy

Hannu Pelkonen ja Jarmo Saarti 1994

---

[6] Tämä on tehty Jarmon tietokoneen äänikortilla 1990-luvulla. Se sisälsi ensimmäisiä kuluttajakäyttöön tarkoitettuja puhesyntetisaattoreita eli varsinainen laulaja on syntetisoitu ääni, jota on tietysti muokattu vieraannuttavasti. Alkanut kotitietokoneaika innoitti Hannun ja Jarmon käyttämään väärin, eli luovasti, äänikortteja, samplereita, nuotinnusohjelmistoja ja kaikkea muuta äänen soittamiseen, tuottamiseen ja käsittelyyn liittyvää teknologiaa.

La Ultima Vuelta[7]

caramba nasa hombre senorita caballero
la ultima vuelta mi corazon
el favorita mi corazon yeah!
la ultima vuelta

la ultima vuelta yeh!

Hannu Pelkonen 2000

---

[7] Lattarirytminen kappale, johon tehtiin ensin taustat. Tuli mieleeni, että kappaleeseen pitää saada "espanjankielinen" sanoitus. Tekstissä on suurin piirtein kaikki osaamani espanjan sanat.

Vauhtiraidat [8]

topatut alamaiset hiljaa vintissä
topatut alamaiset hiljaa niin

jumalamme henry ford sanoi
auto saa olla minkä värinen tahansa
kunhan se on musta
jumalamme henry ford sanoi
auto saa olla minkä värinen tahansa
kunhan se on musta
musta niin kuin neekerin iho
vauhtiraidat ruoskan piirtämät

kuusitoista tuntia kaivoksessa
tekee miehen hulluksi
kuusitoista tuntia kaivoksessa
tekee miehen hulluksi
saatana aikoo tehdä vielä paljonkin

vauhtiraidat
ruoskan piirtämät
vauhtiraidat
ruoskan piirtämät
vauhtiraidat

---

[8] Tämä on mielestäni yksi hienoimmista keksimistäni sanoituksista. Raskas blues, johon lyriikat syntyivät spontaanisti. Topatut alamaiset vilahtelivat tässä sessioissa useita kertoja. Olin ostanut *Sinikka Nopolan* samannimisen kirjan, ja kirjan selkämys osui hyllystä silmiimme.

vauhtiraidat
ruoskan piirtämät

Hannu Pelkonen 2004

Beibini jätti[9]

beibini jätti mut taas
mistä muusta bluesmies vois laulun kirjoittaa
paitsi itäsaksalaisista moottoripyöristä, viinan juonnista
ja bensasta

beibi jätti mut taas
ai kuinka mä rakastan kieriskellä itsesäälissä!
en välitä edes ajella itäsaksalaisella moottoripyörällä

ei auta viina, ei petrooli
ei jallu eikä erotiikkavideot
en tiedä mitä tekisin...

Hannu Pelkonen 2004

---

[9] Viittaus itäsaksalaiseen moottoripyörään on vinoilua sessiossa mukana olleelle soittajalle, joka harrasti bluesia ja Itä-Saksassa valmistettuja moottoripyöriä.

En voi enää pidättää

en voi enää pidättää
en voi enää pidättää
en pysty enää nukkumaan
työ ei maistu ollenkaan
en voi kävellä en syödä
en voi tässä enää leikkejä lyödä

en voi enää pidättää
en voi enää pidättää
tuntuu että hajoo pää
en voi enää pidättää

en voi enää pidättää
en voi enää pidättää
taidan vetää hirteen itseni
tämä on matkan pää

Hannu Pelkonen 2008

Perusasiat

kuka olisi enää kiinnostunut perusasioista
niin kuin vallankumouksesta tai muusta sellaisesta
a-studiosta tai kuolinilmoituksista,
syntymäpäiväilmoituksista
kun avaa lehden ei ole muuta kuin tämä blues

mitä väliä on nimikirjoituspaperilla, kiiltokuvakansiolla
tai ystäväni-kirjalla
kun on tämä blues
mitä väliä on kiiltokuvakokoelmalla, ystäväni-kirjalla
tai nimikirjoituskokoelmalla
kun on tämä blues

ainoa mikä voidaan säästää, on aitan orrella roikkuva
vihollisen nahka
kun on tämä blues

Hannu Pelkonen 2008

Ammattiliitto

Viimeinkin saimme ne asunnot
työläiset saivat ne asunnot
viimeinkin saimme ne asunnot
työläiset saivat ne asunnot
porvarin selkänahkasta saatiin asunnot
porvarin selkänahkasta saatiin ne asunnot

Viimeinkin tulivat ne asunnot
mutta ei mitään niin suurta että niihin voisi kääriytyä
ei mitään niin suurta että niistä voisi tehdä lompakon
ja mitä siihen laittaa?

Tehkää selkänahoistanne tuluskukkarot
tehkää selkänahasta tuluskukkaro
selkänahasta tuluskukkaro ja vatsanahasta piippumassi

Hannu Pelkonen, 2008

Kivi, paperi ja sakset[10]

mun elämä on kivi, paperi, sakset
mun elämä on kivi, paperi, sakset
valitsinpa minkä tahansa niin aina häviän

mun elämä on kuin sukupuuttoon kuollut eläin
mun elämä on kuin sukupuuttoon kuollut eläin
joka tulee vastaan museossa muttei saada nähdä elävältä

mun elämä on kivi, paperi, sakset
mun elämä on kivi, paperi, sakset
aina väärin valitsen
kuollut eläin
kuollut eläin
kuollut sielu
kuollut eläin kuollut sielu kuollut eläin kuollut sielu
kivi paperi sakset

mun elämä on umpeen muurattu ovi
mun elämä on niin kuin umpeen muurattu ovi
tai murheista täytetty povi
kuollut eläin
kivi paperi sakset
kuiva kaivo

---

[10] Kappaleessa on pitkä, junnaava instrumentaalinen aloitus. Soittaessamme aloin turhautua touhuun ja ryhdyin laulamaan kaikkea, mitä mieleeni juolahti. Äänityksen päätyttyä en ollut lainkaan tyytyväinen touhuun, mutta kappalehan tästä syntyi.

kuollut sielu
kivi paperi sakset
kuollut eläin
romutettu haave
kivi paperi sakset

kiellettyjä kuvia
kiellettyjä kuvia
kiellettyjä kuvia
kiellettyjä kuvia
kivi paperi sakset

Hannu Pelkonen 2008

Avaruusmiesrodut[11]

tänään on perjantai kolmastoista päivä
heräsin aamulla
kotini oli tyhjä
nousin istumaan vuoteessani
minne olin kadottanut viikon? Kaksi viikkoa
ei merkintöjä...
minne olin kadottanut olemisen
ei merkintöjä...
puhelimeni ei toiminut
...
ikkunoissa ei verhoja
tiesin, minun ei olisi pitänyt leikkiä kuoleman kanssa

Hannu Pelkonen 2008

---

[11] Teksti on puhuttu soiton päälle. Muutamasta säkeestä ei saa selvää,
ja puuttuva osa on merkitty kolmella pisteellä.

Pushing my car through mud and honey

Agricultural Diplomat[12]

my baby was an agricultural diplomat
my baby was an agricultural diplomat

baby was riding a tractor,
i loved riding mine

my baby was an agricultural diplomat

Hannu Pelkonen 2009

---

[12] Nämä englanninkieliset kappaleet ovat peräisin vuoden 2009 folk blues -sessiosta, jossa kappaleet äänitettiin yhdellä otolla ja periaatteella "kaksi miestä ja kitarat". Kappale on esitetty karjumalla, joten vain ensimmäisestä säkeistöstä saa selvää.

Rutabaga Blues

i´m playing that old rutabaga blues
i´m playing that old rutabaga blues
all i get
is bad news

i´m playing that old rutabaga blues
i´m playing that old rutabaga blues
all I get from life
are old worn-out shoes

i´m playing that old rutabaga blues
i´m playing that old rutabaga blues

Hannu Pelkonen 2009

Mud and Honey

mud and honey
nothing else but money
it ain´t funny ´cause that´s all i have

honey´s always spending
mind´s only mending
the only weakness i´ve seen

mud and honey
mud and honey
it ain´t funny cos that´s all i´ve got

Hannu Pelkonen 2009

Pushing my Car[13]

pushing my car
in the middle of the night
pushing my car in the middle of the night
in the middle of nowhere

pushing my car
my precious car
pushing my car in the middle of the night
in the middle of nowhere

pushing my life
pushing my life
pushing my life in the middle of the night
in the middle of nowhere

pushing my life
pushing my life

Hannu Pelkonen 2009

---

[13] Tätä kappaletta litteroidessani hämmästyin, kuinka paljon syvyyttä aluksi yksinkertaiselta vaikuttaneessa sanoituksessa on.

Rainy Day Babe

rainy day babe
rainy day maybe
rainy day babe
rainy day

rainy day babe
my only maybe
maybe that´s what I need

rainy day babe
rainy day babe
she gives me a sunny day

Hannu Pelkonen 2009

I´m not yer dog

hey there woman
why did you leave me standing in the dark

honey, honey
why did you leave me standing in the dark

i´m not your dog
who can only stand there and bark

Hannu Pelkonen 2009

Mieleni kivettynyt metsä

mieleni muistuttaa kivettynyttä metsää
mieleni muistuttaa kivettynyttä metsää
kuolleessa oksassa linnun painama jälki
kuolleessa oksassa linnun siiven jälki

miksi minun mieleni muistuttaa kivettynyttä metsää
miksi minun mieleni muistuttaa kivettynyttä metsää
sammalessa tuulen painama jälki
sammalessa tuulen painama jälki

Hannu Pelkonen 2012

Soulii ja elastaanii

54

soulii ja elastaanii
jokainen tarvitsee elastaanii elämäänsä
soulii ja elastaanii
soulii ja elastaanii

soulii ja elastaanii
jokainen tarvitsee

Hannu Pelkonen 2012

Sweet, Sour and Stripes

in my life everything was sweet, sour and stripes
in my life everything was sweet, sour and stripes
in my life everything was sweet, sour and stripes
in my life everything was sweet, sour and stripes

Hannu Pelkonen 2012

Downhill Man[14]

once a man, now a creeper
downhill feeling
every time peeper
i'm a downhill man
i'm a downhill man
i am a downhill man

i'm a downhill man
i'm a downhill man

Hannu Pelkonen 2014

---

[14] Nyt jälkikäteen lukiessani huomaan, miten vaikeana puhjennut masennus vaikutti myös tajunnanvirtaan. Vuoden 2014 sanoitukset ovat aika rankkoja.

Edge

i am on the edge
outside the short history of time
i am on the edge
outside this short history of time
before I was born
i was full of life

we all are
on the edge of short history of time
we all are
on the edge of short history of time
before we were born
we were only a spoonful of dust and time
before we were born
we were only a spoonful of dust and life

ho ho ho
before the mankind was born
mankind was only a spoonful of dust and life

Hannu Pelkonen 2014

Guide

58

i need a guide to know a man
i need a guide how to be a man
i need a guide to know a man

Hannu Pelkonen 2014

Lullaby

lullaby for the crippled
lullaby for the crippled
lullaby for the crippled

Hannu Pelkonen 2014

Morning pill man

i am a morning pill man
i am a morning pill man
if you have a disease
you will understand
i am a morning pill man

every morning when the rooster crows
every morning when the rooster crows
i fill my day with a heavy dose
in the morning when the rooster crows
i am the morning pill man

Hannu Pelkonen 2014

Jokamies runoelma[15]

---

[15] Tämä runoelma on tehty Khëm: Jokamies yhtyeen vuosituhannen vaihteen keikkaa varten vuonna 1999 ja julkaistu myös samannimisellä CD:llä.

1.

Jossain liikkui jotakin
eli
missään ei mitään.
Kuului ääniä.
Mutta nämä äänet eivät olleet sanoja,
ne eivät kantaneet merkitystä.
Sillä ei ollut kuulijaa näille äänille.
Ja kaikkialla oli hiljaista, ääntä.

2.

Sitten äänestä tuli sana.
Ja sanasta liha.
Liha oli mies,
Jokamies.
Pohjoisessa Väinämöinen.
Veden emo,
saaressa istuja,
kaiken tietäjä,
kansa,
sen alku ja loppu.

3.

Miehelle tuli nälkä,
niin kuin jokaiselle miehelle tulee.
Ja nälkäisen miehen tulee syödä.
Mieluiten lihaa,
karjan lihaa.
Lihan syöjille syntyy himo,

lihan himo,
eläimen
ja naisen.

4.
Himosta syntyi kaipuu
kaipuu mennä jonnekin,
missä ei ole aikaisemmin ollut.
Siirtyä toiseen paikkaan,
sellaiseen,
jonka kuvittelee aina olevan toinen
kuin sen
missä kulloinkin on.

5.
Matkan,
himon,
ahneuden,
mässäilyn,
ja haureuden jälkeen.
Tulee se aika,
jolloin on laskettava,
mitä on jäänyt käteen
ja mikä on arvokasta
niin arvokasta
ettei sillä ole arvoa.

6.
Perkele vie lihan ja luut

ja jäljelle jää henki.
Ja hengen on matkattava,
syvälle pimeään.
Paikkaan,
jossa synnin palkkana on kuolema,
jossa ei ole toivoa,
on vain aika,
ikuisuus.

7.
Ja se mies
joka pääsee ulos Manalasta,
pakenee
tai jättää tuon paikan.
Jättää jälkeensä
lihansa ja henkensä,
ja astuu puhtaaseen ääneen,
ilman sanoja,
ilman merkitystä.
Ilmaan.

Jarmo Saarti 1999

Topatut alamaiset

Mä panin molon töihin

mä panin molon töihin
mä panin mojon töihin
mä panin molon töihin
mut ei se työstä sua lain

mä panin molon töihin
mä panin molon töihin
mä panin molon töihin
mut ei se työstä sua lain

mä panin molon töihin
mä panin mojon töihin
mä panin molon töihin
mut ei se työstä sua lain

mä panin molon töihin
mä panin molon töihin
mä panin molon töihin
mut ei se työstä sua lain

Jarmo Saarti 2004

Peikkolaulu

sateisena kesänä
tuulen alla
kasvatin sieniä
peikkojen asua

siellä asui
kaksi karvaista lasta
toisen nimi oli Ullevi
ja toisen Tiina

Tiinan päässä
oli syöpäkasvi
se valui visvaa ja veristä eritettä
Ullevi itki
iltaisin itsensä uneen
sieni halkesi
ja kaikki oli mustaa

mätä juuri
halkaisi kannon
jonka alle
Tiina teloi jalkansa

Ullevin silmä
meni onkiessa puhki
sitä käytettiin syöttinä
lahnakalassa

lahnan väri oli limasta vihreä
sitä vastoin vastarannan
hauki oli punainen

sen sisäevät
savustettiin saunan eteisessä
niitä syödessä
tuli suuhun verinen maku

maun sai pois
vain juomalla koskesta
vanhaa vettä
joka valui toista kertaa

siinä vedessä asui yksinäinen etsikko
jonka värit
olivat haalistuneet

värien vartta
saattoi kiivetä pitkin
asbestivaltti
oli jollakin kädessä

Ullevi kuoli
kun syksy alkoi
vaahteran lehtien alle
hänet haudattiin aamulla

Tiinan syöpä
söi häneltä aivot
samaa rataa
meni muukin maailma

Jarmo Saarti 2004

Topatut alamaiset

topatut alamaiset
uskovat mitä vain niille sanotaan
topatut alamaiset
kulkevat perässä käsikkäin

topatut alamaiset
topatut alamaiset
vaatteissaan

topatut alamaiset
tuulipuvun kaltaisissa asusteissaan

kulkevat puistoissa
syöttävät lintuja
ja menevät kotiinsa
nauttimaan iltapäiväkahvit

topatut alamaiset
siniset vaatteet
topatut alamaiset
siniset vaatteet
ja villapipot

topatut alamaiset
sunnuntaiaamuna
kirkonmenojen jälkeen
riisuvat yöpaidan

topatut alamaiset
kukkahameet ja pitsiset reunat
topatut alamaiset
pitsireunaiset käsivarren mittaiset leijonat
syövät päänsä
jättävät jälkeensä vain wanhat unelmat

topatut alamaiset
topatut alamaiset
topatut alamaiset
topatut alamaiset
kuolinvuoteellaan
heidät vasta puretaan

Jarmo Saarti 2004

Yötä vastassa

yötä vastassa
yötä vastassa
yötä vastassa
yötä vastassa
yötä vastassa
yötä vastassa
yötä vastassa
yötä vastassa
yötä vastassa

Jarmo Saarti 2004

Mä olin niin yksin

mä olin niin yksin
yksin yksini kanssa
mä olin niin yksin
yksin yksini kanssa
ja kyllästyin mä itseeni
en halunnut olla enää yksini

mä olin niin yksin
niin yksin
olin niin yksin yksin yksin
yksini kanssa

en halunnut enää
keskustella
yksini kanssa

siksi lähdin kaksikseni
itsekseni
yksikseni ulos

menin puistoon
menin puistoon
ja istuin penkille
menin puistoon
puistoon
penkille

ja tapasin mä siellä toisen
mulle vieraan
enkä
ollut yksin
en

nyt voidaan olla vaan kaksin
kaksin kaksin kaksin vain

kun itsen jättää penkille
voi olla itsenä

Jarmo Saarti 2004

Kummalla jalalla[16]

kummalla jalalla
kummalla jalalla
kummalla jalalla
haluat herätä

kummalla
kummalla jalalla
kummalla jalalla
haluat herätä

viimeisenä päivänä
kun jeesus hakee
sinut haudasta
kummalla jalalla
kummalla jalalla
kummalla jalalla
haluat herätä

viimeisenä päivänä
kun jeesus
hakee haudasta

kummalla jalalla

---

[16] Tämä valikoima on Hannu Pelkosen luona tehdyistä sessioista 2000-luvun alussa, joissa joissakin oli mukana mm. Keijo Virtanen. Sanoituksissa merkillepantavaa oli bluestoiston vieminen äärirajoille - laulettuna niissä keskeisenä merkitystä luovana tekijänä olivat erilaiset painotukset, joilla toistettu sanoma muuttui ja eli ajassa.

kummalla jalalla
kummalla jalalla
nouset ylös kuolleista

kummalla jalalla
kummalla jalalla
kummalla jalalla
haudasta

kummalla jalalla
kummalla jalalla
kummalla jalalla
haluat herätä

kummalla jalalla
kummalla jalalla
kummalla jalalla
nouset kuolleista

jeesus tullee
nostaa sinut
kuolleista

kummalla jalalla
kummalla jalalla
kummalla jalalla
nouset kuolleista

kummalla jalalla

kummalla jalalla
kummalla jalalla
syvältä haudan uumenista

kummalla jalalla
kummalla jalalla
kummalla jalalla
nouset kuolleista

viimeisenä päivänä
viimeisenä päivänä
viimeisenä päivänä
jeesus hakee sinutkin

kummalla jalalla
kummalla jalalla
kummalla jalalla
nouset kuolleista

raahaat mädän ruumiisi
raahaat mädän ruumiisi
raahaat mädän ruumiisi
herran alttarille

kummalla jalalla
kummalla jalalla
kummalla jalalla
nouset kuolleista

jeesus tulee
jeesus tulee
sinun mätä ruumiisi

jeesus tulee
jeesus tulee
hakee sinut haudasta

kummalla jalalla
kummalla jalalla
kummalla jalalla
nouset kuolleista

Jarmo Saarti 2008

Muulini Tuuli

muulini, vanha Tuuli
muulini, vanha Tuuli
haki pois minut
kun syvään lumeen upposin

muulini, vanha Tuuli
muulini, vanha Tuuli
haki minut pois lumesta
kun siihen upposin

olin kaivanut kultaa kaksi vuotta
löytänyt en mä
aivan suotta
tuhlasin elämästä puolet
suutuin itselleni
jätkä nyt sä kuolet

muulini, vanha Tuuli
muulini, vanha Tuuli
haki minut pois lumesta

muulini, vanha Tuuli
haki minut pois lumesta

sanoi: hakkusi jätä
älä enää tätä jatka
muuten tulee taalain maasta

muulini, vanha Tuuli
haki minut pois lumesta

muulini, tuo vanha Tuuli
se muulini, tuo vanha Tuuli
sanoi: viedään tätä taas
nyt lähdetään

Jarmo Saarti 2008

my babe didn't leave me
she just stood away
i fucked with the devil
with the disease she gave

they used to call me the morning black
now they still call me
the morning black

they had to tell me when i was born
that i had to die before I was born

they still call me the morning black
they still call me the morning black

the only time alone
was bitter to see
all i put along
all i can do is what they said

they used to call me the morning black
they still call me the morning black
they used to call me the morning black
and they still call me the morning black

Jarmo Saarti 2008

Old bear

the old bear is gone
the old bear is gone
gone for fishing
gone for fishing

the old bear is gone
the old bear is gone
gone for fishing
gone for fishing

to the lake behind the mountains
to the lake behind the sea
to the lake the mountains
to the lake behind the sea

the old bear is gone
the old bear is gone
gone for fishing
gone for fishing

he ain't coming back
won't be seen no more
he ain't coming back
won't be seen around no more

the old bear is gone
the old bear is gone

gone for fishing
gone for fishing

he ain't coming back to us
won't be telling his jokes no more
well i didn't have time to tell him
that he was alright

just didn't have the time
have to hurry along

yes, the old bear is gone
the old bear is gone
gone for fishing
gone for fishing

to the lake behind the mountains
to the lake behind the sea
to the lake the mountains
to the lake behind the sea

yes, the old bear is gone
the old bear is gone
gone for fishing
gone for fishing

yes, the old bear is gone
the old bear is gone
gone for fishing

gone for fishing

to the lake behind the mountains
to the lake behind the sea
to the lake the mountains
to the lake behind the sea

Jarmo Saarti 2009

Another rutabaga blues

this is the rotten low down rutabaga blues
this is the rotten low down rutabaga blues
it's all i got in my cupboard
nothing else to eat
it's all i got in my cupboard
nothing else to eat

this is the rotten low down rutabaga blues
this is the rotten low down rutabaga blues
it's all i got in my cupboard
got to eat the blues
it's all i got in my cupboard
got to eat the blues

this is the rotten low down rutabaga blues
this is the rotten low down rutabaga blues
it's all i got in my cupboard
got to eat the blues

this is the rotten low down rutabaga blues
this is the rotten low down rutabaga blues
all i got in my cupboard
got to eat it too
all i got in my cupboard
got to eat it too

Jarmo Saarti 2009

Backbone

my babe's got a backbone
my babe's got a backbone
my babe's got a backbone
ain't gonna work no more

my babe's got a backbone
my babe's got a backbone
my babe's got a backbone
i want to got a backbone too

my babe's got a backbone
my babe's got a backbone
my babe's got a backbone
my babe's got a backbone

Jarmo Saarti 2009

Eat the white snow

eat the white snow
eat the white snow
eat white snow
eat white snow
eat white snow
eat white snow
eat white snow
eat white snow

Jarmo Saarti 2009

Helmineule roihuaa

Hiljaa[17]

maailma meni siihen
ettei kellään ollut mitään sanottavaa

kasvokirjan täyttäminen
tuli merkitysten tilalle
keskustelusta toisten haukkumista

minä halusin
että maailma olisi hiljaa
edes hetken

uskonnosta uskomatonta pilkkaa
lasten raiskaamista
naisten alistamista
miesten leirihetki ennen hirvenraadon syömistä

politiikasta pelkkää kauppaa
ihmiselle ei ollut enää mitään arvoa
sen elämä voitiin myydä
eurobondeina markkinoille

markkinoille
joiden ahneus oli loputon

---

[17] Jarmo teki pari sanoitusta Keijo Virtasen kanssa tehdyille yhteisille äänitteille ja keikoille 2000-luvulla. Hiljaa runo esitettiin beatnik henkisissä *Kerouacin jäljillä* iltamissa Kuopiossa vuonna 2012.

kansoja tuhoava

minä halusin
että maailma olisi hiljaa
edes hetken

ja ne alkoivat suojella luontoa
rakentamalla uusia tehtaita
paskaa sylkemään
meidän kasvoillemme

kuvittelivat tulevaisuuden
jota kukaan ei tahdo
sulkivat vanhukset vaippoihin
irti omista kodeistaan
ihmisistä
syljen valuessa
pitkin haurasta poskea

minä halusin
että maailma olisi hiljaa
edes hetken

Jarmo Saarti 2012

Puu antaa voimaa

puu antaa voimaa

metsän neidon neuleet
on tehty puhtaasta
villasta ja
pehmeästä alpakasta

puu antaa voimaa
puu antaa voimaa

metsän neidon neuleet
on tehty puhtaasta
villasta ja
pehmeästä alpakasta

puu antaa voimaa
puu antaa voimaa
puu antaa voimaa

Jarmo Saarti 2012

Helmineule

klassisen kaunis helmineule
on aina yhtä ihana

        aina minut yllättää

klassisen kaunis helmineule
on aina yhtä ihana

        aina minut yllättää

klassisen kaunis helmineule
on aina yhtä ihana

Jarmo Saarti 2012

Rakkaus roihuaa

ei tartte tulla meidän takapihalle kusta roikkimaan
sano mun beibi kun ekan kerran nähtiin
ei tartte tulla meidän takapihalle kusta roikkimaan
sano mun beibi kun ekan kerran nähtiin

mut siitä se rakkaus sytty
jumalauta se vei meidät tähtiin
mut siitä se rakkaus sytty
jumalauta se vei meidät tähtiin

suvella voi huutaa mene pois
suvella voi huutaa mene pois
jos sun kanssasi oisin
aina toisin ois

pihayöt täytyy tietää hoitaa pois
beibini sanoi
älä tule tänne kuselle
älä tule tänne kuselle
tai revin sun perseesi pahasti ruvelle

rakkaus roihuaa
rakkaus roihuaa
rakkaus roihuaa
rakkaus roihuaa

Hannu Pelkonen ja Jarmo Saarti 2012

Calling all units

calling all the units
prepare for the battle
calling all the units
prepare for the battle

mission number one
destroy the enemy fighters

calling all the units
prepare for the battle
calling all the units
prepare for the battle

mission number two
go get the tiger

calling all the units
prepare for the battle
calling all the units
prepare for the battle

mission number three
check out the inner space
mission number three
check out the inner space

calling all the units

prepare for the battle
calling all the units
prepare for the battle

mission number four
laser beams ready
mission number four
laser beams ready

calling all the units
prepare for the battle
calling all the units
prepare for the battle

mission number five
check out the plasma injectors
mission number five
check out the plasma injectors
mission number five
check out the plasma injectors
mission number five
check out the plasma injectors

calling all the units
prepare for the battle
calling all the units
prepare for the battle

mission number six

launch the suicide squat
mission number six
launch the suicide squat

calling all the units
for the battle
calling all the units
for the battle

let's go

Jarmo Saarti 2016

Sorokkaan[18]

sain sen käsityksen
että mannerheimin ja suomen hallituksen
kesken oli käyty
tai käytiin vieläkin
keskusteluja kysymyksestä
olisiko suomalaisten hyökkäysliike sorokkaa
kohti toteutettava

sain sen käsityksen
että marsalkka
oli tällöin edustanut sitä kantaa
että suomen joukkojen
täytyisi saada sorokka valtaansa

sain sen käsityksen
että mannerheimin ja suomen hallituksen
kesken oli käyty
tai käytiin vieläkin

sain sen käsityksen
sain sen käsityksen

sain sen käsityksen
että sekä että
marsalkka oli tällöin

---

[18] Käytimme usein tekstien pohjana valmiita näytteitä, jotka sitten hajoitimme äänityksissä omiksi, usein ironisiksi tulkinnoiksi.

oli tällöin edustanut sitä kantaa
että suomen joukkojen
täytyisi saada sorokka valtaansa

sain sen käsityksen
sain sen käsityksen

kohti sorokkaa
kohti sorokkaa
suomen armeija
kohti sorokkaa

sain sen käsityksen
sain sen käsityksen

Jarmo Saarti 2020

Vanha kela

tuo yksi on tehty vanhasta miekasta
ja tuossa on vielä jäljellä isän vanha kela

tuo yksi on tehty vanhasta miekasta
ja tuossa on vielä jäljellä isän vanha kela

kela
kela

salaisia leikkipaikkoja löytyy saarelta useita
rantakalliot on kuin luotu kiipeilyyn
meri kutsuu uimaan
ja lähiluodot tutkimusretkille

isän vanha kela
isäni vanha kela

tuo yksi on tehty vanhasta miekasta
ja tuossa on vielä jäljellä isän vanha kela

isäni vanha kela
isäni vanha kela

hei kelaa
hei kelaa

tuo yksi on tehty vanhasta miekasta

ja tuossa on vielä jäljellä isän vanha kela

kaikki toimivat
kaikki toimivat

salaisia leikkipaikkoja löytyy saarelta useita
rantakalliot on kuin luotu kiipeilyyn
meri kutsuu uimaan
ja lähiluodot tutkimusretkille

kaikki toimivat
vanha kela
vanha kela
vanha kela
kaikki toimivat
vanha kela
vanha kela
kaikki toimivat

Jarmo Saarti 2020

Räky-Äynikki räppää [19]

[19] Hannu tahtoi kokeilla, miten rap-lyriikoiden kirjoittaminen sujuisi. Luultavasti yhtenä vaikutteena ovat olleet Tuomari Nurmion puhelaulukokeilut. Räky-Äynikin lyriikat syntyivät yhdessä illassa vuonna 2021. Osa lyriikoista on sanoilla ja rytmeillä leikkimistä, mutta osa Räky-Äynikin sanoituksista kuvaa hyvin sen hetkisiä mielentiloja ja ajatusmaailmaa. Teksteistä tuli yllättävän poliittisia. Osa Räky-Äynikin räpeistä tallennettiin Kuopiossa kesällä 2021.

täss on Räky-Äynikki ja tää on uutta linjaa, vanhat läpänheittäjät te voitte olla hiljaa

ei kukaan jaksa kuunnella teidän kerskumista, naisista ja aseista ja Mersun moottorista

kun Räky-Äynis räpäyttää se osuu heti maaliin, siis kuuntele nyt tarkasti ja paina kaikki kaaliin

tää flow on tosi vallaton ja silti tiukkaa settii, saat kiertää koko maapallon mut parempaa saat ettii

jos ei pelitä, älä selitä, vaan kehitä sun flowta, ota iisisti kun biisitkin vaatii sun huomiota

ja kohta sä tulitat raivokkaasti vihaisii uusii lainei, ja kilpailijat kuuntelee että ootsä jossain aineis,

mutta et sä oo vaan tuomioo sä luet tähän biittiin, ja takapenkin luuserit tippuu ja miettii miten tuo viittii

mutta luuserit on luusereita ja kingit ihan toista, ja jumalaut sä oot liekeissä ja estradeilla loistat

sä rytmität räpätät läpätät täräytät väräytät herkintä kieltä

ja kaikessa mitä sä julistat onkin aina jotain mieltä

Räky-Äynikki heittää voittajaläppää

haloo…haloo… haloo onks kukaan kuulemassa, Räky-Äynikki on täällä taas luusereita solvaamassa

mä arvaan: varvaan kenet vaan kerroksella heti kun kisa lähtee, en tuu ees renkaanvaihtoon vaan paahdan kohti tähtee

sitä tähtee, minkä tähden tänne tultiin, heikoimmat joutaa multiin, niitä tekohengitettiin pitkään

muttei mitkään voi saada niitä megeen, mitään tekeen, kun ne vaan alkaa itkeeen mutta viddu mä oon sitkee

ja räppään ja rulaan ja kelaan, aina pelaan ja voitan, sun on ihan turha koittaa vakuuttaa noita nuorii ihailijoita

kun mä vien potin, tää on hottii, ei jeessii tai nottii vaan absoluuttista paahtoo, toiset yrittää niin että niiden suu vaahtoo

ja housut roikkuu, tartteeks niillä olla vaipat, mut mä otan esiin raipat ja piiskaan, ja liiskaan ne maan rakoon, tai vakoon,

heikoimmat alkaa kakoon kun kokis juuttuu kurkkuun, tää laji vaatii miestä eikä murkkuu,

sä oot aika surkku ja liikkis ja ihqu kun sä koitat, mut et sä mitään voita, kun palkinnot on jaettu jo ennen näitä pippaloita

Lasten hyväksikäyttäjii

taas Jacksonia syytetään se hyväks käytti lasta, mutta ootko kuullut koskaan räppi-skenen Elasta

jos skidi kympin mutsilt saa ja faijaltansa viisi, niin Elan kädet irrottaa lompsasta vain poliisi

kun Mersun huollot maksaa, ja bensa maksaa liikaa, Ela röntgensilmillään taas lapsosia tsiigaa

ett mistä irtois satanen tai kaksi taikka tonni, se olis räppimestarille satumainen onni

ei Ela-setää kiinnosta lapsessa sen peppu, vaan tarkastelun kohteena on pelkästään vain reppu

mut Äynikillä toisin on, se ei duunaa fyrkkaa, vaan menee taide edellä kun räpit ulos tyrkkää

kun rytmit on jo pöllitty ja riimit kiertokamaa, ei räppi-kommunismissa tunneta ees lamaa

siis lapset tämä muistakaa kun striimaatte taas biittii, että ilmaiseksi Räky-Äynis tätä tehdä viittii

Löysää

veltto, mä oon veltto, mä chillaan vailla huolta, en viitsi tuolta etsii edes duuninpuolta

löysä mä oon löysä, en pysy istumassa, kun löysänä lojumassa oon tai sitten makaamassa

en jaksa biittii nopeaa tai rytmii vallatonta, mä tahdon puhuu hitaasti ja tekstii pakotonta

joka luistaa, jos muistaa panna pilkun lainin päähän, ja sanojen juoksutuksesta järki ei mee jäähän

siis chillaa, fiilikset himmaa ja vaimenna vimmaa joka svengaa,

pelkästään hengaa ja hiffaa et tää on kliffaa, sä hitautta sniffaa ja relaa, jotain kelaa mut älä liikaa,

älä hankaluuksia jaagaa vaan tsiigaa miten miljardit vuodet on menny eikä elo tällä boltsilla oo yhtään edenny mä en yhtään kässää miten tuo sika nauraa jonkun ässävikaa ja mässää jotain vitun energiapatukoita jotta jaksaa

se saa maksaa tän loukkauksen mä teen koukkauksen sen sivusta ja liiskaan patukat sen naamaan

se tulee saamaan läksytyksen jonka muistaa, se ilkeen jätkän suistaa radaltaan, sen elämä luistaa

alamäkeen, se tulee näkeen miten kaikki menee käteen, tai vihkoon, viddu tota pitäis vetää pehkoon vasaralla

tai vesurilla tai sillä, millä böndet hakkaa kivii, pannaan kaikki ilkeet riviin ja näytetään niille säännöt,

ne tekee äkkikäännöt kun te tajuu, et koko skene on täynnä rajuu jengii, ja svengii, eikä niitä oteta mukaan,

niit ei huoli kukaan kun ne mokaa ja dokaa, ja vetää energiajuomaa, ne vielä huomaa miten kehnoo eloo ne viettää,

tai kyllä ne sen tietää, mut jotenkin ne sen sietää vaik päivist toisiin ne on kuin jotain loisii,

jotka koisii kun meikä heittää läppää, ne ei räppää, vaikka joukos on räpätätejä ja niitä, joilla takakumi hinkkaa vasten loksuu,

tekis mieli heittää oksuu kun näkee niiden luiskaotsan, vois kunta heittää jokaiselle kotsan mitä ei tartte maksaa,

jos vaan jaksaa pitää sitä päässä niin ois kätsää kun näkis aina että kenellä ei äly mätsää naaman kanssa,

on nuppi täynnä mössöö, ja siks ne on itse sössöö vaikka nauraa toisen ässävikaa vittu

Masennus

masennuin ja loppuun paloin, omin jaloin selvinnyt en tuosta,

elämän perässä jaksanut en juosta

en nousta suosta

kun kaikki oli pinnaltansa mustaa, taikka harmaat, niin se on kyllä varmaa että ei voi välttää karmaa

kun kaikki murheet päälle mättää, ilo jättää tän maallisen majan, ja pian saavuttaa sen rajan

missä millään ei oo mieltä, tahtoo vain siirtyä pois tieltä kun tuntee että tukkii väylän, niin pelkää käyvän,

vie toisten ilon sekä juhlan, tuntuu et tuhlaa vain resursseja kuin joku kurja pankki

joka tuota ei vaan rahat muualta hankki, otti lainas varasti tai huijas, sitä tuntee nuijaks ittensä kun vain makaa

ei pysty iloa ees jakaan, kun möyrii omass tuottamassaan paskas, ei oo nappii joka kas-kas fiilingit sais kattoon pomppaan,

ei oo tukee taikka backuppii sua komppaan, vaan yksin seisot keskellä estradin, näät julman raadin joka tsiigaa,

tunnet että tää on ihan liikaa, mut joudut steppaamaan kuin joku vitun dille,

olla mieliks niille jotka antaa almuja ja kyttää, vaikket ite yhtään tilanteesta tykkää

on ihan toista, nauttia supersuosioista joista kuitenkin voi tippuu, ja taaskin joudut etsiin kultahippuu,

joka ostaa sulle pääsyn ylimystöön, sekaan normaaleiden tyyppien tai älymystöön mut mulle riittäis pelkkä lantti, jolla lunastetaan suuri pantti, kun kanikonttorissa on mun aivot,

tunteet sekä hetket hyvät, mä takas tahdon nämä kultajyvät.

lestat testaa, kuin paljon skidejä mahtuu niiden mestaan,
ne ei kehtaa mennä kioskille skordareita ostaan
ja niille Jeesus sanoo ettei saa vetää heppii ulos ennen kuin mehut vuotaa
mälli jumalan on ruokaa taikka pirun, mut jos siitä aina säästäis pienen sirun
ja jemmais omiin hautajaisiin,
sais tulla lauma sukulaisii, etenkin naisii,
jotka hedelmöittyis kun mä oon jo kuollut
viimeisen voitelun näin tekisin,
hienon hoitelun,
mikä sais koko suvun sekaisin ja kiimaan,
siihen liimaan suku sekoais ja tarttuis, kun skidei karttuis ja kaikki oisi äitei näille,
uusille koko suvun syöttiläille, jotka vitusti sais huolenpitoa ja hoivaa,
ja koko suku olis hyvinvoivaa, ja voimakasta,
vois luulla et ne tuli intiasta kun lapsii olis sata taikka jotain,
mun jälkeläiset leviäis laumoittain,
me lisäännyttäis ja täytettäis maa,
mut niin ei tehdä ilmeisesti saa,
vaik demarit meit talkoisiinsa pyytää, mutta vanhuksille aikoo rahat syytää

Vanhat jutut on out

ole cooli
täällä puhaltaakin tänään uusi tuuli
joka kaikki arvot uusiks laittaa ja vanhat taittaa
ne vain Äynikin tekemistä haittaa

Äynis räppää
mutta pelkästään ei heitä jotain läppää
asiaa vääntää
sen tarvittaissa raudasta kääntää
kun ei mikään mene enää kaaliin
siis maaliin
poliitikotkin keskittyy vain haaliin
valtaa ja omaisuutta: uutta sukulaisuutta ne aina suosii
sekä kavereita
eivät tunne mitään rajoitteita

vaan aika muuttuu
lehmänkaupat johonkin juuttuu
vanhat diilit kuivuu kuin fossiilit
mitkä ennen oli maan tapoja ovat menneet
korruptiorahat huvenneet
hyvä veli -verkostot revenneet
tulee uutta tekotatapaa sekä mahdollisuutta
kuulla jengii ja löytää politiikkaan jotain uutta svengii
kunhan muistaa
ettei työnnä kättä paskaan kun se suistaa vanhaan
kaavaan,

tuulettimesta paska lentää naamaan
suistutaan hommassa lamaan
siihen samaan
mihin vanhat äijät meidät kerran johti
siis mennään tällä kertaa uutta kohti

Vanhiso

ei into sekä valta täällä kohtaa
ei nuoret yhteiskuntaa pääse johtaan
ennen kuin ne on vanhoja ja turtuneita
ja vailla nuoruutensa ihanteita
nuorilla on halu panna tuuleen
mutta vanhat ajattelee paska huuleen
teille vain hyvää pääsiäistä
me toistaiseksi päätetäänkin näistä
kun joskus pääsee vallankäytön saliin
ei usko nuoruutensa ideaaliin
vain valtaa sekä rahaa tahtoo kerää
eikä vallankumousta perää
vaan nuorisoa puheissansa roimii
ja vaatii rajoituksia sen toimiin
mutta kuka viimeisenä seisoo
vanha vallanpitäjä se ei oo
vaan nuoret mukanansa uudet jutut
eikä aina vanhat sekä tutut

me ollaan vanhiso, me ollaan menneisyys,
me ollaan vanhiso, me ollaan menneisyys

Vaalit

taas oli taitekohta kuin Ashtonin perseessä
valittu kansa sai mennä ja äänestää
mut mitä se vaikutti siinäpä kysymys
on budjetit, raamit ja salainen sopimus
vaikka naamat vaihtuis ei muuttuisi meno
kun makeaa on tuo edustustulo
kaikki vallassa roikkuu kuin kahleissa ikään
ei niitä voi karkottaa saleista mikään
ja se mikä on, se mielellään säilyy
ei suotavaa ole jos rakenteet järkkyy
joka kerran on hunajaa maistaa saanut
ei tyydy vain naatteihin tai nauriisiin nyt
on tässä hommassa iso dilemma
jos arkesi tunnet et ehkä nää edemmäs
ja ne jotka häkeistään uloskin näkee
ei useinkaan muista mitä on joutunut tekeen
vaan löysästi esittää teorioita
ja voivottaa että me muuta ei voida

Hannu Pelkonen 2021

Tekijät

Hannu Pelkonen (s. 1960) on musiikin, kuvataiteen ja kirjallisen ilmaisun harrastaja, jonka soittoharrastus alkoi reilu 50 vuotta sitten. Julkaistuja levyjä eri kokoonpanoissa on syntynyt noin 15, ja epävirallisia tallenteita paljon. Kirjoja, niin ammattikirjallisuutta kuin proosaa, on vuosien varrella julkaistu kymmenkunta, ja kuvataidepuolella Hannu on ollut mukana muutamassa taidenäyttelyssä. Ääni, kuvat ja sanat kiehtovat edelleen eri muodoissaan.

Jarmo Saarti (s. 1960) teki työuransa kirjastoalalla ja tutkimuksen parissa. Eläköidyttyään hän on keskittynyt kirjoittamiseen, musiikin tekemiseen ja maalaustaiteeseen. Taideteoksia on hänen julkaisuluettelossaan noin 400 kappaletta, kirjoja ja artikkeleita yli 600 nimekettä ja julkaistuja äänitteitä noin 40. Jarmo Saarti keikkailee aktiivisesti neljän orkesterin kanssa. Hänen ensimmäisen orkesterinsa 50-vuotistaiteilijajuhla on syksyllä 2025.